珍爱生命
拒绝毒品

U0821780

禁毒
教育读本

主编 / 黄璞
主审 / 陈东生　　编者 / 史琛　赵瑛
主编单位 / 华中科技大学同济医学院附属协和医院

长江出版传媒 | 湖北美术出版社

图书在版编目（CIP）数据

禁毒教育读本 / 黄璞主编. -- 武汉 : 湖北美术出版社, 2019.5（2025.1重印）
ISBN 978-7-5394-9992-5

Ⅰ.①禁… Ⅱ.①黄… Ⅲ.①禁毒－中国－青少年读物 Ⅳ.①D669.8-49

中国版本图书馆CIP数据核字(2019)第086080号

禁毒教育读本

JINDU JIAOYU DUBEN

责任编辑：赵　诣　韩荣刚
技术编辑：杨经奎
封面设计：晴　山

出版发行：长江出版传媒　湖北美术出版社
地　　址：武汉市洪山区雄楚大道268号B座
电　　话：（027）87679528　87679561
印　　刷：武汉科源印刷设计有限公司
开　　本：880mm×1230mm　1/32
印　　张：2
版　　次：2019年5月第1版
印　　次：2025年1月第5次印刷
定　　价：15.00元

前言

我国2019年毒品形势报告显示，全国现有登记在册吸毒人员为214.8万人，其中35岁以下青少年约占吸毒人员的1/2，吸毒人员低龄化特征明显，形势依然十分严峻。其中，绝大部分是在不了解毒品的危害的情况下染上毒瘾的。青少年正处在生理、心理发育时期，好奇心重，判别是非能力不强，抵制毒品侵袭的心理防线薄弱，加之对毒品的危害性和吸毒的违法性缺乏认识，所以最容易受到毒品的侵袭。本书以“禁毒教育读本”作为书名，以期青少年读者能认清危害，远离毒品，共同构建无毒的世界。

本书以禁毒知识为主题，始终围绕“只有真正认识毒品，才能更好地远离毒品”的宗旨，告诉青少年如何正确认识、对待毒品，自觉地远离毒品。从科学的角度出发，通过浅显易懂的语言和图片实例，深入浅出地向青少年介绍了毒品的起源、概念、特征、分类及危害。讲述了为什么吸毒会上瘾，为什么毒瘾难戒掉，让青少年知道成瘾性产生的医学机制，让他们能主动拒绝毒品。本书还用生动的实例告诉他们如何鉴别吸毒人员，戳穿吸毒人员设的圈套，提高他们对毒品的“免疫力”。此外，本书还介绍了禁毒的法规、戒毒措施、预防须知等方面的知识，有助于提高青少年禁毒意识和拒毒能力。

为了提高本书的教育和警示意义，书中多采用真实案例，部分源于新闻素材。在此，向促成本书完成的记者、摄影师、案例的文字作者，一并表示诚挚的谢意。

本书形式新颖、案例翔实，实用性强，具有良好的教育和警示作用，希望本书的出版能为禁毒教育尽一份绵薄之力。

目录

认识毒品

认识毒品是为了更好地远离毒品

毒品是从地狱里伸出来的恶魔之手，一旦被它抓住，挣脱不了，就只能慢慢沉沦、堕落。毒魔正扇动着腐臭的翅膀，飞过那段惨痛的历史来到你我身边。它荼毒着人类灵魂，摧残着人类身躯，毁灭着生的希望。我们要坚决对毒魔说“不”！

毒品的起源

吸毒是我国的惯用说法，在医学上多称药物依赖和药物滥用，国际上的通用术语为麻醉品滥用或药物滥用。从这些专业术语可以看出，人类最初与毒品打交道，是因为它具有药用价值，适当的剂量可以治病救人；但是，在治疗中人们逐渐发现这些药品的毒副作用很大，能破坏人体正常生理机能，使人精神颓废错乱、沾染多种疾病甚至导致死亡。而“瘾君子”却利用它们产生的梦幻般的感觉来寻求刺激、逃离现实。毒品的历史就是一个个从药品到毒品不断转化的历史。

早在新石器时代，人们就在小亚细亚以及地中海以东的山区发现了野生罂粟，由于野生罂粟花很美丽，人们就把罂粟作为一种名贵的观赏花卉加以栽培。后来又逐渐发现未成熟的罂粟果的汁液（阿片，用作毒品时称鸦片）是一种能够治疗某些疾病（有镇痛、镇静、止咳等作用）的药物。唐乾封二年（667年），东罗马帝国（大秦）遣使向唐朝皇帝进献“底也伽”（一种以阿片为主要成分的解毒药），罂粟开始引入中国。唐代至明代的600余年间，罂粟与阿片的药理作用被历代中医日益认识并逐步推广。一些中医开始利用罂粟籽和壳作为与其他中药配伍的药材。明朝末年，在追求享乐的氛围中，鸦片成了贵族热衷的“神品”，逐步形成一个吃鸦片的阶层，鸦片从药品蜕变为奢侈品。到了清朝初年，吸食鸦片之风由台湾、厦门等地传入内地，逐

东罗马帝国的使者将“底也伽”进献给中国皇帝

渐成为当时社会的不良习俗。清朝中后叶，鸦片贸易成为西方列强的对华政策。19世纪30年代，鸦片的泛滥开始动摇清朝封建统治基础，危及国家与民族的生存。

最先在中国泛滥的毒品是鸦片，最先在世界范围内泛滥的毒品也是鸦片。到了19世纪初，鸦片以各种形式被人类使用了几千年之后，德国一位名为泽尔蒂纳的年轻化学家从鸦片中分离出一种生物碱，因其具有梦境般的镇痛效果，所以科学家就以希腊神话中的梦境与睡眠之神——摩耳甫斯（Morpheus）的名字将这种麻醉镇痛剂命名为“吗啡”（Morphine），这在当时被视为医学史上的伟大发现，一时轰动了整个欧洲医学界。但不过数十年，它的毒副作用就明显地表现出来，人们只有继续寻找可以替代吗啡来镇痛的新药。

1859年，奥地利的化学家尼曼从古柯叶中提炼出麻药成分可卡因，它同样具有很大的毒副作用。因其成瘾性强，并对吸食者健康产生伤害，1914年，美国宣布将可卡因列为禁药。至今绝大部分国家都将可卡因视为毒品。

1874年，英国化学家伟特最先利用吗啡加上双乙酰，在炉上燃煮，增强效力，合成出二乙酰吗啡。1897年，德国拜耳药厂化学家荷夫曼将二乙酰吗啡制成药物，止痛效力远高于吗啡，并取名为海洛因（Heroin），意指英雄。海洛因的出现也曾作为伟大的发明而轰动一时，认为它可以取代鸦片和吗啡，因为它具有吗啡和鸦片的医用价值，却又无毒副作用。1898—1910年间，该药上市时，以“不会上瘾的吗啡”为口号做宣传，更曾用作儿童止咳药，若干年后才发现该药在肝脏中会转化成吗啡，毒副作用是吗啡的4～8倍。

化学家做实验

目前，世界上有五大“毒窟”，包括位于东南亚的“金三角”地区，即泰国、缅甸和老挝三国接壤的地区，曾被称为“鸦片王国”；南亚“金新月”地区，即阿富汗、巴基斯坦和伊朗三国交界地区，为世界上最大的鸦片产地之一；南美洲的“白三角”或“银三角”地区，位于哥伦比亚、玻利维亚、秘鲁和巴西之间的安第斯山脉和亚马逊河流域，它是继“金三角”“金新月”之后的世界上第三大毒品基地；非洲的“黑三角”即西非沿海地区，肯尼亚、苏丹接壤的边境地带，以及南非等地，为世界毒品的“第四产地”；还有一个以黎巴嫩贝卡谷地为中心的山区，其毒品主要贩卖到欧洲。

毒品的概念和特征

毒品，从字面上理解，就是有毒害的物质。我们熟知的如砒霜、农药、氰化钾、一氧化碳等都对人体有毒害，进入人体后，通过化学作用破坏体内组织和生理功能，在一定条件下，可以引起人、畜的急、慢性中毒，危及身体健康甚至导致死亡，为什么它们不属于毒品呢？因为，我们常说的海洛因、吗啡等毒品除了对身体具有毒害性外，还会使人成瘾，如果停止使用，身体就像生病一样难受，为了排解这种沮丧感，需要不断吸食毒品，对其形成了依赖，犹如步入了魔鬼和死神的陷阱，难以摆脱。因此，依赖性是区别毒品和一般毒害物质的依据。

香烟和酒精同样具有上述的毒害性和依赖性，为什么它们只是嗜好品而不是毒品呢？从医学角度来看，毒品的本质是一种药品，本是用来防病治病、缓解病痛或维护健康的物质。但是这些药品如果被不当使用或者滥用，就成了危害人类的毒品。国家禁毒法律将这些可能滥用的麻醉药品和精神药品列入了专门管制范围，这是区分毒品和一般嗜好品的依据。如果某种物质仅仅具有毒害性和依赖性，而没有被国家列入管制物品，那么也不能称为毒品。

吗啡是药品，为什么也是毒品呢？这就与毒品的另一属性“非法性”有关了，毒品还须是与违法犯罪行为有关的物质。被列入国家禁毒法律规定管制的麻醉药品和精神药品，如果以医疗、科研为目的，被生产、加工、运输和使用时，它的本质属性仍然是药品；但是，如果违反了国际公约和国内法律的有关规定而用于非法目的，这些药品就会转化为毒品。

因此，毒品是指那些具有毒害性、依赖性、被国家规定管制的、与违法犯罪行为有关的麻醉药品和精神药品。

目前，世界上流行的主要毒品有罂粟、鸦片、吗啡、可卡因、海洛因、大麻、古柯、安非他明（冰毒）等。

毒品的分类

毒品“家族”成员很多。我国卫生部2007年公布了123种麻醉药品和132种精神药品。毒品种类很多，范围很广，分类方法也不尽相同。

●从来源看　可分为天然毒品、半合成毒品和合成毒品三大类。天然毒品是直接从毒品原植物中提取的，如鸦片。半合成毒品是由天然毒品与化学物质合成而得，如海洛因。合成毒品是完全用有机合成的方法制造的，如冰毒。

●从对人中枢神经的作用看　可分为抑制剂、兴奋剂和致幻剂等。抑制剂能抑制中枢神经系统，具有镇静和松弛作用，如鸦片类。兴奋剂能刺激中枢神经系统，使人产生兴奋，如苯丙胺类。致幻剂能使人产生幻觉，导致自我歪曲和思维分裂，如麦司卡林。

●从自然属性看　可分为麻醉药品和精神药品。麻醉药品是指对中枢神经有麻醉作用，连续使用易产生身体依赖性的药品，如鸦片类；精神药品是指直接作用于中枢神经系统，使人兴奋或抑制，连续使用能产生依赖性的药品，如苯丙胺类。

●从流行的时间顺序看　可分为传统毒品和新型毒品，其中，传统毒品又被称为第一代毒品，新型毒品目前又分为第二代毒品和第三代毒品。传统毒品一般是指鸦片、海洛因等阿片类流行较早的毒品。第二代毒品主要指冰毒、摇头丸等人工化学合成的致幻剂、兴奋剂类毒品。第三代毒品由二代化学合成毒品演变而来，被称为新精神活性物质（New Psychoactive Substance，简称NPS），又称“策划药”或“实验室毒品”，具有与管制毒品相似或更强的兴奋、致幻、麻醉等效果。

除了传统意义上的几类毒品外，广义的毒品还包括毒品原植物和生产毒品的原料，如制造鸦片和海洛因的罂粟，提取可卡因的古柯，大麻及制造冰毒的麻黄碱等。

毒品的种类和范围不是一成不变的，在不同的时期、不同的国家，毒品的范围也不一样。而且，随着某些新型毒品的发现和合成问世，以及某些具有成瘾性的药品被滥用而被列为新的受管制药品，毒品的种类和范围也将不断扩大。

常见传统毒品

传统毒品一般指鸦片、海洛因等阿片类流行较早的毒品。下面介绍几种常见的传统毒品及其危害。

罂粟

● 鸦片　又名阿片，俗称大烟。鸦片是将罂粟未成熟蒴果割伤果皮后，渗出的白色乳状液体干燥凝固而得，含多种鸦片生物碱，呈褐色或黑色，味苦。生鸦片经过烧煮和发酵，可制成精制鸦片，吸食时有一种强烈的香甜气味。罂粟壳也是国家规定管制的一种麻醉药，一些不法商家把罂粟壳作为火锅底料，使人成瘾。

初吸鸦片时会感到头晕目眩，恶心或头痛，尚能保持职业和智力活动，但多次吸食后，则使人变得瘦弱不堪、面无血色、目光发直、发呆、失眠。长期吸食鸦片，可使人丧失免疫力，极易感染各种疾病。吸食成瘾后，可引起体质严重衰弱和精神颓废。过量吸食可引起急性中毒，因呼吸抑制而导致死亡。

● 吗啡　为无色或白色结晶粉末状，是从鸦片中分离出来的一种生物碱。在医学上，吗啡为麻醉性镇痛药，可减轻末期癌症病患、大面积烧烫伤患者的痛苦。其最大的副作用是易成瘾性，临床使用必须由医生严格控制，不能滥用。

吸食吗啡可使人产生一系列副作用，在中枢神经方面，表现为嗜睡和性格的改变，可造成人的注意力、思维和记忆力衰退。吗啡吸食后会产生欣快感，比鸦片更易成瘾，长期使用会引起精神失常和幻想，过量使用会引起呼吸衰竭而死亡。

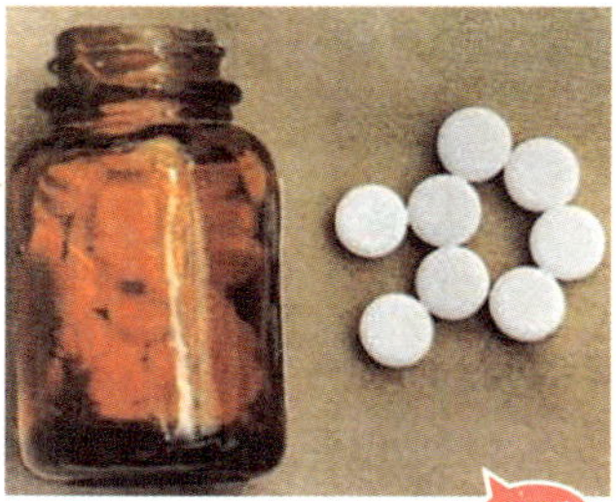
吗啡

袋装海洛因

●海洛因 学名二乙酰吗啡，一般为白色粉末状态，故俗称“白粉”，味苦。海洛因根据纯度的不同而以1号、2号、3号、4号区分。海洛因曾被用作麻醉性镇痛药，其镇痛效力是吗啡的4～8倍，但其不良作用远远超过药用价值，因而在医学上早已被禁用。

大多数情况下，吸食海洛因两三次后就会上瘾，其致死量仅为50～70mg。初次吸食海洛因时，感觉不舒服，头晕目眩，恶心或头痛，吸食成瘾后会使人达到半麻木的冥想状态。成瘾后，人会产生无法抗拒的心理和生理依赖；外表特征是嗜睡、感情麻木、沉默寡言、无动于衷。常常会双目无神地盯着空间，瞳孔缩得很小，畏光，容易激动，说话含混不清，身上发痒，身体迅速消瘦，容易引起各种疾病，注射吸食还易传播艾滋病等疾病，用量过度会引起昏迷、呼吸抑制而死亡。

●古柯 是生长在美洲大陆、亚洲东南部及非洲等地的热带灌木，为南美洲的传统种植物。古柯树株高1.5～3米，生长周期为30～40

年，每年可采摘古柯叶3～4次。古柯叶是提取古柯类毒品的重要来源。古印第安人有咀嚼古柯叶的习惯，嚼食这种植物的叶子可以消除疲劳，提高情绪，因此很早就开始使用。但长期食用会引起医学上称为偏执狂型的精神病；如果怀孕妇女服用，有可能导致胎儿的流产、早产或死亡；大量服用，能刺激脊髓，引起人的惊厥，严重的可因呼吸衰竭致死。从古柯叶中可分离出一种最主要的生物碱——可卡因。

可卡因　可卡因是1859年奥地利化学家尼曼（Alert Niemann）从古柯叶中分离出来的一种白色晶状的生物碱，学名苯甲基芽子碱。因其形状像雪，又称之为“白雪”，是强效的中枢神经兴奋剂和局部麻醉剂。

可卡因是成瘾性最强的毒品之一。服用小剂量的可卡因能有短暂的精神充沛和欣快现象，甚至可以缓解饥饿、困倦和疲劳，但会导致心律减缓；若长期和大剂量使用，可使人精神日益衰退，甚至发展成为偏执型精神病，可出现呕吐、震颤、痉挛、惊厥等现象，使人做出难以预料的荒诞行为和可怕举止，甚至只有施暴才能释放其能量。70mg的可卡因，可使70kg的成年人当场毙命。

大麻 专指印度大麻中的较矮小、多分枝的变种，它的雌株花枝顶端、叶、种子及茎中含大麻脂。其主要有效化学成分为四氢大麻酚（简称THC）。大麻类毒品主要包括大麻烟、大麻脂和大麻油。因具有强烈的致幻作用而成为吸毒者追逐的对象。

大麻

吸食大麻对人的中枢神经作用强烈，可在几分钟内让人达到精神兴奋，易动感情乃至嚎啕大哭，但2小时后便跌入低谷，口干舌燥、心率加快、血压不稳、喉头发痒，痛苦异常。长期吸食能引起精神障碍，并破坏人体免疫系统。一旦停用，则出现失眠、食欲减退、性情急躁、易怒、呕吐、颤抖等症状。

新型毒品

所谓新型毒品是相对于鸦片、海洛因等传统毒品而言的，新型毒品目前又分为第二代毒品和第三代毒品。第二代毒品主要指人工化学合成的致幻剂、兴奋剂类毒品，因此也叫合成毒品，此类毒品是由国际禁毒公约和我国法律法规规定管制的，直接作用于人的中枢神经系统，使人兴奋或抑制，连续使用能使人产生依赖性的精神药品（毒品）。第三代毒品由二代化学合成毒品演变而来，被称为新精神活性物质（New Psychoactive Substance，简称NPS），又称“策划药”或“实验室毒品”，是不法分子为逃避打击而对管制毒品进行化学结构修饰得到的毒品类似物。

一、新型毒品与传统毒品的区别

●毒品来源　新型毒品大部分是通过人工合成的化学类毒品以及对化学毒品进行结构修饰得到的毒品类似物，而鸦片、海洛因等麻醉药品主要是由罂粟等毒品原植物加工而来的半合成类毒品。

●药理作用　新型毒品对人体主要有兴奋、抑制或致幻的作用，而鸦片、海洛因等传统的麻醉药品对人体则主要以镇痛、镇静作用为主。

●吸食方法　海洛因等传统毒品多采用吸烟式或注射等方法吸食。新型毒品大多为片剂或粉末，吸食者多采用口服或鼻吸式，具有较强的隐蔽性。

● 吸食危害　海洛因等传统毒品吸食者一般是在吸食前犯罪，由于对毒品的强烈渴求，为了获得毒资而去杀人、抢劫、盗窃；而冰毒、摇头丸等新型毒品吸食者一般由于在吸食后会出现幻觉、极度的兴奋、抑郁等精神症状，导致行为失控从而造成暴力犯罪。

二、新型毒品的种类

随着科学技术和制药工业的进步和发展，精神药物的范围和种类不是固定不变的，新型毒品滥用的品种也将不断增多。目前，新型毒品分为第二代毒品和第三代毒品。

第二代毒品主要指人工化学合成的致幻剂、兴奋剂类毒品，因此也叫合成毒品，根据第二代毒品的毒理学性质，可以将第二代毒品分为四类。

● 第一类　以中枢兴奋作用为主，代表物质是包括甲基苯丙胺（俗称冰毒）在内的苯丙胺类兴奋剂。

● 第二类　是致幻剂，代表物质有麦角乙二胺（LSD）、麦司卡林和分离性麻醉剂（苯环利定和氯胺酮）。

● 第三类　兼具兴奋和致幻作用，代表物质是二亚甲基双氧苯丙胺（MDMA，我国俗称摇头丸）。

● 第四类　是一些以中枢抑制作用为主的物质，包括三唑仑、氟硝安定和γ-羟基丁酸等。

第三代毒品被称为新精神活性物质（New Psychoactive Substance, NPS）。近年来，不法分子将第三代毒品混入食品饮料、香烟，在娱乐场所公然兜售。这些毒品披着常见药品食品、安全可食的外衣，悄悄潜伏在日常生活中，极具欺骗性和诱惑性。目前，根据其化学结构，NPS主要分为以下七个类别。

●合成大麻素类　该类物质主要是模拟天然大麻对人体的作用，其成瘾性和戒断症状也与天然大麻类似，长期吸食会导致心血管系统疾病及精神错乱，同时也存在致癌的风险。

●卡西酮类　该类物质主要是卡西酮的衍生物，具有兴奋和致幻作用，过量或长期吸食会引起严重的大脑损伤，可能导致精神错乱，自残及暴力攻击。

●氯胺酮类　该类物质主要是氯胺酮的衍生物，如氟胺酮，已经被国家纳入列管。

●苯乙胺类　主要包括苯丙胺衍生物，二甲基苯乙胺衍生物两类。前者以类似冰毒的兴奋作用为主，后者能产生强烈的致幻作用，过量或长期吸食可导致大脑损伤和精神错乱。

●哌嗪类　这类物质一般为苯基哌嗪或苄基哌嗪的衍生物，具有类似于甲基苯丙胺和摇头丸（MDMA）的兴奋和致幻作用，但效果较温和，持续时间也更长。

●植物类　包括恰特草（阿拉伯茶）、鼠尾草、帽蕊木等含有精神活性物质的植物。

●其他　包括色胺类、氨基茚类、苯环乙基胺类、镇静类等多个类别，分别具有致幻、兴奋、麻醉、镇静等作用。

三、常见新型毒品

●冰毒　即甲基苯丙胺，外观为纯白结晶体，故称之为“冰”。对人体中枢神经系统具有极强的刺激作用，且毒性强烈。该药小剂量时有短暂的兴奋抗疲劳作用，故其丸剂又被称为“大力丸”。冰毒的精神依赖性很强，吸食后会产生强烈的生理兴奋，大量消耗人的体力和降低免疫功能，严重损害心、脑组织甚至导致死亡。同时，还会造成精神障碍，表现出妄想、好斗、错觉，从而引发暴力行为。

冰毒

2000年2月7日，福建厦门一居室内发生了一场激烈的枪战。警方调查发现，开枪者是两名台湾人，他们不仅合伙秘密加工、制造冰毒，而且本身就是冰毒的吸食者。两人吸食冰毒后产生了强烈的幻觉，神志不清，怀疑被人监视，两人竟互相开枪对射了40余发子弹。

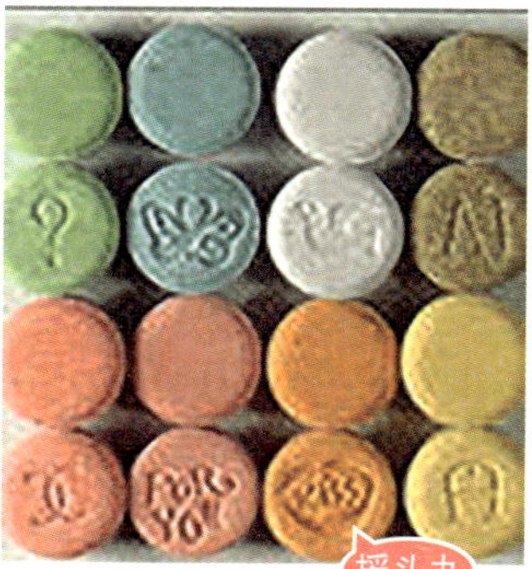

摇头丸

● 摇头丸　兼具兴奋和致幻作用，代表物质是二亚甲基双氧苯丙胺（MDMA，我国俗称摇头丸），外观为圆形或其他形状片剂，颜色、图案各异。因听到节奏狂放的音乐便会不由自主地随音乐摆动头部，故称“摇头丸”。它有强烈的中枢神经兴奋作用和精神依赖性，对大脑有严重的损害。服用后表现为：活动过度、感情冲动、性欲亢进、嗜舞、偏执、妄想、自我约束力下降以及出现幻觉、空间定向力障碍和暴力倾向等。成瘾者会出现头晕、乏力、体重减轻、失眠、恶心等症状，长期服用会产生精神分裂，过量则导致死亡。

● K粉　即“氯胺酮”，静脉全麻药，有时也可用作兽用麻醉药。一般人只要足量接触两三次即可上瘾，是一种极有危险性的精神药品。K粉外观是白色结晶性粉末，无臭，易溶于水，可随意勾兑进饮料、红酒中服下，通常在娱乐场所被滥用。服用后遇快节奏音乐便会强烈扭动，会产生意识与感觉的分离状态，出现幻听、幻觉、幻视等，对记忆和思维能力造成严重的损害。

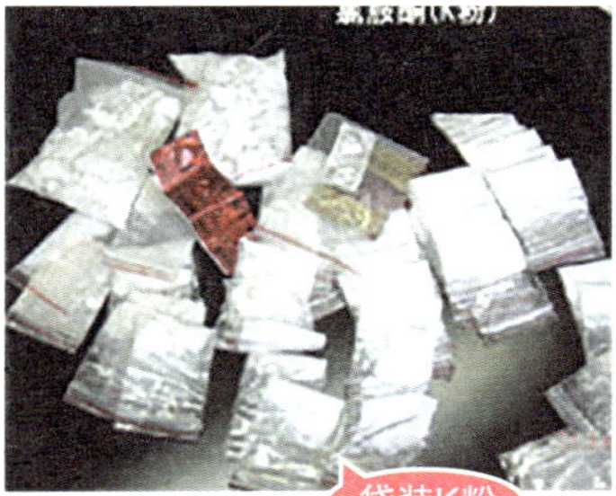

袋装K粉

一位18岁的女病人2年前开始吸食氯胺酮，当医护人员为她作智力测验时，发现她的智商已下降至86，与医学上对弱智所定义的70相距不远，而正常人的平均智商应该在100以上。

● 麦角乙二胺（LSD）　纯的LSD无色、无味，最初多制成胶囊。目前最为常见的是以吸水纸的形式出现，将毒品滴加在抽象艺术和动画图片、邮票和纹身纸片上，也有发现以丸剂（黑芝麻）形式销售的。LSD是已知药力最强的致幻剂，极易为人体吸收。服用后会产生幻视、幻听和幻觉，出现惊慌失措、思想迷乱、疑神疑鬼、焦虑不安、行为失控

LSD

和完全无助的精神错乱症状。同时会导致失去方向感、辨别距离和时间的能力，因而使身体严重受损或导致死亡。

吸食完LSD的青年本来站在高楼上，却错误地判断自己在平地上，于是本想“走”到街上，却从高楼上跳了下来。吸食完LSD者，面对迎面而来的汽车，却错误地判断车离他还很远，于是迎着车走了过去……

● γ-羟基丁酸　又称“液体迷魂药”或“G毒”，在香港又叫作“fing霸”“迷奸水”，是一种无色、无味、无臭的液体。吸食者服用后可出现性欲增强的特点并快速产生睡意，苏醒后会出现短暂性记忆缺失，即对昏迷期间发生的任何事件无记忆，常被犯罪分子利用实施强奸。

瓶装γ-羟基丁酸

香港一名22岁女子在参加狂野派对时服下一种名为“fing霸”的药后，脑内一片空白，并有强烈的性兴奋，在卫生间昏迷过去。事后朋友们将她送进医院，医生为其检查身体时才惊奇地发现：她已遭多名男子轮奸，而在整个被侵害过程中，她竟浑然不知！

● **“蓝精灵——氟硝西泮”**　此“蓝精灵”不是小朋友熟知的可爱卡通形象，而是一种药物，名为氟硝西泮。该药物有着镇静安神的功效，但其催眠和使人遗忘的作用更为显著。氟硝西泮是一种处方药，溶于水后液体呈淡蓝色，但是，它的某些同类药品无色无味，溶于水后很难被人发现。由于此类药品不易被人察觉，因此不法分子常在夜店等娱乐场所向女性酒杯暗中投入这些药物，实施偷窃、迷奸等不法行为。目前，“蓝精灵”已被多国政府列入禁药名单。

蓝精灵——氟硝西泮

● **“开心水”**　是一种新型液态毒品，由冰毒、摇头丸、K粉混合而成。“开心水”服用方式简单，可与饮料混合，因此隐蔽性很高。大剂量使用“开心水”会引起精神错乱、思想障碍，产生多疑、幻听、被害妄想；长期使用可能会引发高血压及脑中风。停用后会产生精神呆滞、昏睡、抑郁等症状，甚至引起自杀倾向。

开心水

● **“彩虹烟”**　外形和平日的香烟很像，不过它是一种新型毒品，由二三级毒品混合而成。与常规香烟不同，人吸食“彩虹烟”时会产生特殊烟雾，色彩绚烂，看上去好像挺酷炫，因此许多未成年人难以抵挡诱惑而纷纷购买。因不法贩毒集团将“彩虹烟”的目标直接瞄准涉世未深的青少年群体，很多未成年人往往抵制不住诱惑，接连中招，甚至不少青少年因吸食“彩虹烟”而最终死亡，葬送美好未来。

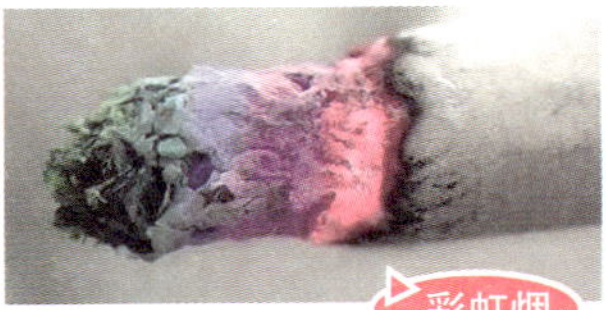
彩虹烟

● 阿拉伯茶(Catha edulis Forssk) 又名恰特草、埃塞俄比亚茶、巧茶，分布在热带非洲、埃塞俄比亚、阿拉伯半岛以及中国的海南、广西等地。该植物叶中含有成瘾物质卡西酮，服用后极易上瘾，因此也被称为“东非罂粟”。此外，阿拉伯茶在新鲜和干燥时分别与苋菜和茶叶相似，因此容易成为吸毒人员的选择。目前，阿拉伯茶已被我国列入毒品管控范畴。

四、其他新型毒品

除上文提到的几种新型毒品外，其他新型毒品主要有安纳咖、咖啡因、三唑仑、十字架、甲喹酮、“奶酪”、沙菲片、海乐神、麻古、迷幻蘑菇等。

毒品的危害

了解毒品的危害，是抵御毒品侵袭的第一道防线

毒品，从来没有像今天这样肆虐横行，从来没有像今天这样震撼着世界上的每一个家庭和个人，它威胁着人类的生存和发展，吞噬着人类的文明、财富和辉煌。

毒品的特质

吸毒严重危害生命健康，会引发违法犯罪活动。年轻时沾染毒瘾的人，一般寿命不会超过40岁。人们不禁要问，吸毒为什么会有这么大的危害呢?

毒品的特性之一便是毒害性，它会损害人的大脑和中枢神经系统、损害人的血液循环和微循环系统的功能，使吸毒者免疫功能下降，生理功能紊乱。吸毒上瘾后，不仅心理变态、人格扭曲、不知廉耻，而且会传染和导致各种疾病，甚至死亡。

吸毒不光影响身心健康，由毒品而引发的违法犯罪活动也不断增多，给社会治安和人民身体健康带来严重危害。

一、吸毒破坏人体正常生理机能

毒品对人类最直接的危害，就是对身体健康的摧残。近代历史上，中国人在鸦片的毒雾中沦为“东亚病夫”就是铁证。很多人吸食毒品的最初动机是摆脱痛苦、寻求享受，但当他们吸食成瘾后，他们获得的享受只是短暂的，更多的时间是在身心的极度痛苦中煎熬。毒品对人体产生的不良生理影响如下：

●损害人的大脑和中枢神经系统　吸毒的人往往注意力不集中，反应迟钝、失眠易怒、性情粗暴，有的还会发生人格变态。

●损害人的血液循环和微循环系统的功能 以海洛因为例，吸食者常常出现心律不齐、心脏传导阻滞、心动过缓等，发病时汗毛直立、起鸡皮疙瘩、奇痒难耐。

●容易引起急性中毒 由于产生毒品依赖，吸毒者的毒瘾会越来越大，需要不断加大剂量。这是因为长期吸毒会使机体对毒品产生耐受，使毒品的药效作用减小，吸毒者必须不断增加毒品的剂量，才能获得原有的效果。如果用量超过了人体的承受范围，就会引起急性中毒，出现心律紊乱和缺氧，如抢救不及时，就会死亡。超剂量急性中毒是吸毒者死亡最常见的原因之一。

●影响正常生育功能，贻害后代 怀孕妇女吸毒，会使婴儿在母腹中被动吸毒，从而染上毒瘾，成为“海洛因婴儿”，胎儿容易发生畸形、早死或死胎。

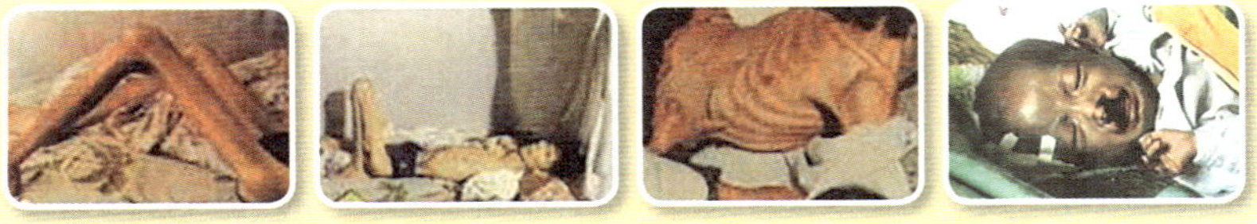

刘某，22岁染上毒瘾。因吸毒耗资巨大，23岁时与一年龄大她15岁的阔老板结婚，怀孕后，刘在妊娠期也从未间断吸食海洛因。因此，宝宝出生时就出现窒息，经尽力抢救幸免夭折。但后来宝宝整天不睡觉，哭闹不休，哈欠连天，阵阵呕吐，持续发热，肢体震颤。终因治疗无效，于出生第六天死亡。医院确诊新生儿为“海洛因戒断综合征”。

二、吸毒传染多种疾病

吸毒人群哨点监测表明：吸毒已成为目前中国艾滋病上升加快的主要原因。此外据艾滋病哨点监测的行为资料表明：53.3%的吸毒者采用注射毒品的方式吸毒，而其中37%的注射吸毒者共用注射器。据云南一些毒品重灾区调查，因静脉注射海洛因造成的艾滋病感染率高达68%。据专家估计，目前全国因吸毒感染艾滋病病毒的人数已超过40万，其中66%是使用不洁注射器的吸毒者。吸毒妇女更是感染和传播艾滋病的高危人群，这是由于吸毒本身容易感染和传播艾滋病。另外，吸毒妇女为了获得“毒资”而卖淫，也成为艾滋病传播的主要途径。另据统计，吸毒者因使用不洁注射器而被感染乙肝或丙肝的，感染率分别高达22%和68%。可见，吸毒可以导致多种传染病传播已成为不争的事实。

三、吸毒导致人格扭曲、精神崩溃

吸毒带来的身体和精神依赖，使吸毒者对毒品产生了一种难以克制的强烈追求欲望，迫使他们不断地、大量地获取和吸食毒品，使他们沉溺于吸毒—昏睡—犯毒瘾—寻觅—再吸毒的恶性循环中，越陷越深，难以自拔。

音乐是天堂，毒品是地狱。2011年6月26日“国际禁毒日”到来前夕，歌手谢东的名字和毒品联系在一起，是让人无奈的现实。从一个风光无限的歌手到一个被治安拘留的瘾君子，巨大落差显现的是谢东“笑脸”消失后的蜕变。

吸毒者毒瘾发作时，大都会不顾廉耻，丧失自尊，无法进行正常的生活、学习和工作，人格改变更是多见，变得冷漠无情、自私自利、性格怪僻、谎话连篇、残忍无比，而且意志消沉、精神颓废，丧失良知和责任感，理想和前程早已被毒魔吞噬得无影无踪。

四、吸毒容易引发自伤、自残、自杀行为

毒品的成瘾性会使吸毒者对毒品产生强烈的依赖性，一旦停用则生理功能会发生紊乱。毒瘾发作，初始心烦意乱、焦躁不安、哈欠连连、涕泪横流；继而全身内外犹如万箭穿心、万蚁啮骨、奇痒无比，痛不欲生；此时，“瘾君子”五官错位、四肢变形、浑身抽搐、满地打滚，如坠刀山火海，只想痛快去死。于是，他们便用自伤、自残、自杀的办法来解脱这种难以忍受的痛苦，有的用烟头烫肤，有的用硬物捅鼻，有的用锥刺股，有的用刀断臂，有的用头撞墙，有的跳楼上吊，等等。

吸毒毁灭家庭

家庭中只要出现一个吸毒者，厄运便从天而降。吸毒要挥霍掉大量的钱财，一天少则几十元，多则几百甚至上千元，这样的巨额消费，一般家庭根本无法承受。即使有些积蓄的家庭，也很快倾家荡产，并必然导致家庭不和，最终造成家庭破裂，妻离子散，父子反目，甚至道德沦丧，六亲不认。

吸毒者如同活性极强的病毒，无时无刻不在传染影响周围的人，而直接受害者便是自己的亲人，一个家庭中往往因一人吸毒而发展成多人吸毒，甚至举家吸毒，家产变卖一空，最后四处借钱骗钱，铤而走险，走上犯罪之路。真是“一人吸毒，全家遭难”。

吸毒对社会的危害

一、吸毒传播疾病，祸及他人

在吸毒之风盛行的西方国家，吸毒者不仅自己很容易感染上艾滋病，而且还极容易将艾滋病传染给其他吸毒者以及无辜的亲朋好友。

我国目前所发现的艾滋病病毒携带者主要来源于吸毒群体。由于吸毒者常常共用针头，且没有什么消毒措施，很容易互相传染。这些既有的和潜在的艾滋病病毒携带者注定要和社会发生千丝万缕的联系，故毒品的泛滥将使千百万无辜者面临艾滋病的严重威胁。

二、吸毒消耗巨大社会财富

吸毒会造成社会财富的巨大损失和浪费。全球非法毒品市场已经形成每年3200亿美元的产业，消耗着巨大的人类财富。美国每年用于治疗吸毒者、加强缉毒的费用高达600亿美元，同毒品有关的各种问题造成的损失每年大约达到800亿美元。对于发展中国家来说，毒品造成的损失和扫毒所需的巨额经费更是沉重的负担，而这种负担每年都在增加。

吸毒贩毒给我们国家造成的损失也相当惊人。据《中国禁毒报告2017》数据显示，截至2017年12月31日，我国经公安机关查获并登记在册的吸毒人数已逾250万人。如果根据有关专家估计，全国每年海洛因消耗量约在200吨以上（掺兑后），以最保守的价格来估算，每年滥用海洛因的消费高达400亿元。

三、吸毒、贩毒引发各种违法犯罪

目前，全世界大部分国家都把吸毒行为当成违法犯罪行为，所有的国家都将贩毒视为犯罪，并规定了严厉的惩罚措施。而与吸毒有关的其他违法犯罪活动更是常见。众所周知，吸毒的花费非常高昂。一旦染上毒瘾，就得花费大量的钱去购买毒品。即使有万贯财产，也经不起如此折腾。不少人或迟或早会铤而走险，采取非法途径去获取毒品，从而走上犯罪的道路。

世界毒品犯罪活动与黑社会、恐怖组织有着相当密切的联系，他们相互勾结，建立武装力量与国家分庭抗礼。在金钱的驱动下，各国大大小小的毒枭、毒犯建立起自己的集团组织，他们拥有坚固秘密的巢穴以及先进的武器、通信设备和运输工具，形成巨大的地下网络，构成社会的一大公害。在贩毒集团的反社会活动中，最严重的是采取各种恐怖暴力活动以威胁政府官员，给国家政治基础带来不利影响。

毒资的高消费，诱发多种违法犯罪，给社会造成极大危害。据资料表明，在青少年吸毒者中，90%的男性有各种违法犯罪行为，其涉及的案件种类有抢劫、杀人、故意伤害、盗窃、贩毒等；女性则几乎全部以卖淫养吸，少数涉及刑事犯罪。上海地区在药物滥用流行病学回顾性调查中发现，戒毒人员中，48.8%有违法犯罪行为，其中，卖淫占29.2%，盗窃占17.2%，诈骗占14.5%，抢劫占11.7%，贩毒占11.4%。

远离毒品

只有形成强烈的禁毒意识，毒害才有可能真正禁绝

罂粟，那么地妖艳芬芳；让年轻的心充满幻想，到头来却是恶梦一场。罂粟，那么地清新馨香；让年轻的心不敢相望，收获的却是迷失忧伤。警惕吧，孩子；别为花儿的妖媚迷惑彷徨，生活中有值得你追求的方向，别让爱你的父母仓皇忧伤，你是家庭的理想和希望，别让一个家庭、整个社会充满惆怅，祖国需要你成为栋梁。

——天使的微笑

青少年禁毒教育不可或缺

如果把毒品比作猛兽，那么它最容易下手的就是青少年了；如果把毒品比作瘟疫，那么最容易感染的也是青少年。青少年正处在生理、心理发育时期，好奇心重，判别是非能力不强，抵制毒品侵蚀的心理防线薄弱，若再加上对毒品的危害性和吸毒的违法性缺乏认识，就更容易受到毒品的侵袭了。《中国禁毒报告2017》显示，青少年成为我国毒品消费的主要群体，占整体吸毒人群的59.3%。截至2017年12月31日，我国经公安机关查获并登记在册的吸毒青少年人数已达148.6万。因此，对青少年进行禁毒教育是禁毒预防教育工作的重中之重。

世上有许多禁果是人类不该吃，也不能吃的。毒品就是其中之一。

一、重视家庭教育对预防青少年吸毒的重要作用

对于任何一个孩子来说，家，不仅仅是遮风挡雨的地方，还会对孩子的一生产生重大的影响。在家庭中，父母的人生观和行为举止会直接或间接地影响孩子的人生观、性格和心理，而有些家长的不良习气或违法行为，如吸烟、酗酒和吸毒也会给予孩子不良的影响，甚至导致孩子步其后尘。所以，家庭中的禁毒预防教育，首先应从家长的禁毒意识形成和家庭管教行为方式的改变开始。

有一姓刘的吸毒青年，当被问及为什么要吸毒时，他说：“我是独生子，从小受到父母溺爱，父母对我放任自流，我认为他们对我是不关心的，看到同伴吸白粉，一种好奇心支配，便染上毒瘾，不可自拔。”反之，如果家长管教过严，或粗暴武断，对孩子动辄体罚，孩子则往往叛逆性较强，固执、好斗或郁郁寡欢，也容易走向歧途。15岁的陈姓男孩，吸毒史一年。究其原因，是他在念初中二年级的时候，因偶然一次单元考试不及格，父亲知道后，不分青红皂白，棍棒加身，并将他赶出家门，因此，他产生了强烈的逆反心理，感到缺少父爱，便离家出走，在同伴的影响下，吸毒上瘾，后被送去强制戒毒。

国外许多研究表明，家庭管教方式与孩子性格的形成有着十分密切的关系。尽管一些家长自己并不具有可能导致吸毒的某些性格因素，但如果家长教育子女的方式不当，孩子便可能形成这种性格。拒绝毒品，远离毒友所需的自控力、自信心和责任感都属社会情感和意志，并不是与生俱来的。如果家长对孩子不加任何约束而放任自流，其自制力往往很差，很难抵制同伴诱惑而走上吸毒的邪道。有调查表明，在这类放任自流型家庭中长大的孩子往往不够成熟，过多地依赖成人。他们易冲动，不合群。这类家长之所以对孩子放任自流，要么是因为他们自身的原因顾不上管教孩子，要么认为不宜对孩子管教过多，或者自己对管教孩子感到信心不足，孩子往往也会认为家长对自己漠不关心。

二、做好学校预防，进行超前教育

吸毒青少年中，大部分仅有小学或初中文化，这充分说明了在中小学开展禁毒教育和预防工作十分必要。海外一些专家指出，“药物教育，反毒之本”，即通过把毒品知识教育纳入学校课程，努力使学生建立起正确的用药观念和良好的用药习惯。这种由学校对青少年进行的系统禁毒教育，可收到细水长流的效果。在中小学校开展禁毒教育，把禁毒防毒的防线前移，把校园变为对青少年进行禁毒教育的主战场。目前迫在眉睫的措施应当是将禁毒教育列入我国中小学有关统一教材中，开展日常课堂禁毒教育。在这一方面香港的禁毒预防教育做得非常成功。

在我国香港特别行政区，禁毒教育已经成为学校正式课程。香港教育要求教师除向学生提供有关吸毒（滥用药物）及其危害的资料外，还要着重教育学生建立健康、积极的人生态度。除在教材中讲授禁毒知识外，香港教育署还和政府禁毒处合作，成立香港学校禁毒教育小组，定期为中小学生举办禁毒教育讲座，在学校举办有关精神药物展览，向学生派发禁毒宣传资料，组织学生家长聆听禁毒讲座。同时，还为在职教师举办禁毒教育研习班，以便他们更好地教育学生。香港卫生署中央健康教育组也深入中小学校，为学生和教师开办禁毒教育讲座，并举办“学生健康大使训练班”。

三、加强社会禁毒教育，引导青少年健康成长

在一个社区中，只要发现有一个吸毒者，追查下去，定能发现更多吸毒者。这就是所谓的社区吸毒。

有人问：为什么吸毒者都相对集中？其实，道理很简单。吸毒的人，一般经济上是不堪重负的，如果要吸下去，就要发展新的吸毒者，把毒品以高价卖给其他人。所以，他在发展新的吸毒者时首先会在同一个社区内的朋友圈里寻找，这就是“直销”。而在这样的社区内，除了远离“毒友”外，社会的禁毒教育就显得格外重要了。

从1990年起，中国每年在6月26日国际禁毒日前后均集中开展大规模的禁毒宣传活动。全国各地特别是毒品危害严重的地区，公安、宣传和教育部门积极行动，通过网络、报刊、电视、广播、电影、图书、挂图以及禁毒知识竞赛、有奖问答、巡回演出等多种形式，广泛开展面向广大人民群众的经常性的禁毒宣传教育活动，提高了全民的防毒拒毒意识。同时依法严厉惩处并集中宣判一批贩毒分子，焚烧收缴的毒品，增强每个社会成员禁毒拒毒的意识，激发广大人民群众尤其是青少年防治毒害的积极性，使禁毒意识家喻户晓，在全社会形成禁毒、拒毒的气氛，最大限度地控制吸毒者的滋生和蔓延。

青少年抵制毒品的良方

一、培养广泛的兴趣爱好

青少年朋友应当培养广泛的兴趣爱好，例如：课余时间与同学对弈一局，盘上厮杀，黑白鏖战；或在球台上抽打几局，决出胜负，其乐无穷；或者是练习书法、绘画，在周末假期里尽兴泼墨，虽非丹青妙笔，但可自我欣赏，乐在其中；或是学习乐器，高山流水，陶冶性情，流动的音符可以缓解学业的压力，同时给自己美的享受。如果青少年有了这些兴趣爱好，多余的精力都给了有益的兴趣，接触危险的毒品的机会就减少了。在实际生活中，如果自己或发现身边的同学、朋友有了不良的兴趣爱好，即使只是一种倾向，也要坚决地把它消灭在萌芽阶段，以免这种不良的兴趣爱好越来越强烈，最后耽误了正常的学习和生活。

二、养成良好的生活习惯

青少年朋友应当养成良好的生活习惯，包括艰苦朴素，不贪图享受，热爱劳动，鄙视不劳而获的思想，不随便吃陌生人给的食物，等等。养成好的生活习惯以后就会自觉或不自觉地避免一些染上吸毒恶习的危险。青少年不应有过多的欲望。如果欲望过多，而且不论是否合理都要得到满足，否则便不依不饶，这是放纵自己的表现。宋代朱熹说："溺爱者不明，贪得者无厌。"如果欲望过度，就容易被人利用，滑入陷阱，还有可能走上犯罪道路。

三、避免涉足复杂场所

由于青少年处于一个活泼好动的年龄阶段，有较强的好奇心，总想有机会进入社会上的一些复杂场所去看个究竟，体会一下成年人的生活方式。其实，这样做是极危险的，当一个青少年出现在与他年龄不相称的复杂场所时，不但容易被一些光怪陆离的表面现象所迷惑，而且很可能成为一些居心不良的人诱惑和下手的目标。如果学生因为好奇进入这些地方，就有可能交上或者被迫交上坏朋友，染上吸毒或其他恶习。

有的青少年可能对自己抵制毒害的能力十分自信，自我感觉“免疫力”很强，认为出入复杂场所又不等于违法犯罪，为什么不能涉足呢？问题在于毒贩不是白痴，他们为了拖人下水，培养犯罪团伙新成员，会采用许多狡猾的手段。他们经常寻找出入复杂公共场所的青少年下手，原因是青少年社会阅历少，容易上钩，一旦吸毒又很难戒断毒瘾，就可以听他们随意使唤了。

根据调查发现，毒贩向青少年出售混有毒品的蛋糕和饮料，诱其不自觉地染上毒瘾；在年轻人参加的舞会上提供放入迷幻毒药的饮料，使人服用后悄然成瘾的案件，比比皆是。相当一部分人是在各种公共娱乐场所染上毒瘾的，又是从那里不断获得毒品的。青少年在这些复杂场所，看到一些染有毒瘾的同龄人或成年人“表演”吸毒过程，一群人“腾云驾雾”“醉生梦死”的样子，无形中增强了感官上的刺激，这远比个人行为的影响大。青少年难免产生模仿的冲动，说不定就会接受其中某人的“好意”，品尝这种神奇的烟卷。于是毒品犯罪团伙里又增加了一名新成员，学校里又少了一名好学生，家庭

里则安装了一枚“定时炸弹”，随时有可能把这个家炸翻天。而这一切，都可能是青少年学生不经意光顾复杂场所引起的。可见，涉足复杂场所就等于接近了毒品。严格约束自己，不轻易涉足复杂场所，就大大降低了接触毒品的危险。

四、健康的心理是抵御毒品的天然屏障

●**克服过分好奇心，以免误入歧途** 青少年的好奇心表现在对新事物的求知欲方面。毒品到底是什么样的？是不是很有意思？为什么大家都说它不好呢？为什么有的人那么没出息，吸了毒以后就再也摆脱不了呢？如果我也尝试一下，会不会上瘾呢？这些心理活动是许多在戒毒所的青少年朋友痛定思痛时总结出来的，他们的结论是一致的：同龄人听我们一句告诫吧，千万要克服过分的好奇心，以免误入歧途。

●**克服逆反心理，切断吸毒的诱因** 青少年阶段心理不是很成熟，容易激动和出现逆反心理。青少年在了解了这一性格特征后要注意加以预防，防止被不成熟的逆反心理牵着鼻子走，避免由于赌气而失去对是非善恶的判断能力。要冷静地思考，理智地行事，这就不会有问题了。最怕青少年朋友刚愎自用，出现逆反心理并受逆反心理影响而做出错事，有的甚至走上违法犯罪的道路，这才是最危险的情形。

掌握辨识吸毒者的工具

家长、老师、同学们都应该做有心人，学会观察青少年的行为变化特征，早识别他们是否具有吸毒倾向。

一、吸毒者常见的异常行为表现

如果你身边有吸毒者，他们的身上可能会有以下行为表现：

● 厌学逃课　吸毒使他的生活变得很懒散，对待学习和工作敷衍了事，经常旷课、迟到、早退，学习成绩急剧下降。

● 行踪诡秘　经常在厕所或者其他僻静场所躲躲闪闪，集体行动时经常独自开溜，或者长时间闭门不出，生怕别人打扰。

● 经常要钱　日常生活开支以外，还要花很多钱，而且说不出充足理由。不是向家长索要，就是向同学借，总是有借无还。

● 情绪易变　情绪不稳定，波动大，一会儿欣喜若狂，一会儿又悲伤忧郁，脾气古怪暴躁，爱发火。

● 行为反常　生活失去规律，衣衫不整，自由散漫，喜欢跟人作对，做出违反常规的事。

● 身体消瘦　两眼无神，面色灰黄，饮食减少，体重减轻，体力明显下降。胳膊和大腿上有很多不明原因的针眼。

二、吸毒者常见的人格和心理异常

吸毒者在人格和心理上也会产生一些不同寻常的变化。表现如下：

●**感情麻木** 对集体漠不关心，对别人的困难视而不见，对个人前途失去信心，精神萎靡不振，对一切正常活动没有兴趣。

●**意志消沉** 失去了人生的理想和信念，浑浑噩噩，无聊散漫，叛逆心重。藐视国家法律法规和政策，对学校纪律和家长要求置若罔闻。

●**经常撒谎** 总想掩饰自己的缺点和过错，对要钱的理由和用钱的去处不敢袒露，甚至有偷窃行为。

三、吸毒者毒瘾发作时的典型症状

随着吸毒量增加，毒瘾会经常发作，这时，吸毒者的身体也会表现出一些典型症状：四肢抽搐、僵硬，浑身发痒；哈欠连连，脸色苍白，流泪，流鼻涕，呕吐，肚子痛，腹泻；坐立不安，狂躁，失眠，身上忽冷忽热，起鸡皮疙瘩。

发现身边的人出现以上各种表现，应该引起警觉，找医生或专业人员检查诊断，以便及时确诊治疗。当然，同学们应该注意一点，吸毒者都会出现以上症状，但并非所有出现以上情况的人都是吸毒者，有的只是心理状态或身体其他方面的病因所致。不管是怎样的情况，我们都要予以关心。

警惕诱惑吸毒的八大圈套

圈套一：谎称新型毒品不上瘾

毒贩常常说新型毒品和传统毒品不一样，不会上瘾，对身体危害不大。

很多人错误地以为只有海洛因、鸦片是毒品，因为吸食这些毒品需要使用复杂的器具，有疼痛感，生理反应比较强烈，而一些新型毒品，比如摇头丸、K粉等只能算“娱乐性”食物，就像吃药一样不会让人上瘾。这些认识都非常错误和危险。其实新型毒品同样会使人上瘾，千万不能尝试，一试难回头。

圈套二：饮料中放入毒品

在舞厅、迪厅，毒贩将毒品偷偷放入受害人的饮料食物中。

青少年尽量少去舞厅、迪厅等人群混杂的娱乐场所，要有戒备意识，不接受陌生人提供的香烟和饮料，暂时离开座位时要有人看守饮料食物。

圈套三：免费尝试

几乎所有吸毒者初次吸食新型毒品，都是接受了毒贩或其他吸毒人员提供的“免费”毒品诱饵，在不知不觉中对新型毒品产生依赖。此后，毒贩再以高价出售毒品给上瘾者。

始终谨记天下没有免费的午餐，“免费”的背后是欺骗，千万不能沾染毒品，对这类招数坚决说“不”。

圈套四：谎称吸毒可以解乏提神

实际上吸毒严重损害大脑中枢神经，导致精神萎靡不振，记忆衰退，最终无法学习和工作，断送前程甚至是生命。

圈套五：谎称穿越神药

不要沉溺于网游和穿越剧，要分清现实与幻想之间的界限，活在当下，靠吸毒穿越是很荒谬的，最后只能穿越到拘留所体会“冷宫生活”。

圈套六：谎称吸毒减肥

吸毒确实会使你骨瘦如柴，但这是一种病态，因为吸毒成瘾后，人体的各种器官都受到损害，疾病缠身，所以面黄肌瘦，甚至衰竭而死。

圈套七：鼓吹吸毒时髦，是有钱人的象征

忠告

这是一种极其荒谬的说法，毒贩们往往利用人们的虚荣心兜售毒品，一定要保持警惕！吸毒最终的结果往往是钱财散尽、妻离子散，甚至危害社会，害人害己。

圈套八：偶尔吸一次不会上瘾

吸食毒品会产生强烈的生理和心理依赖，只要吸食毒品都会成瘾，只是成瘾的时间长短有个体差异罢了。“一日吸毒，十年戒毒，终生想毒。”

忠告

吸毒成瘾揭秘

如果说，吸毒者将鸦片、海洛因等毒品的刺激作用视为进入“天堂”“仙境”的阶梯，那么必有一天他们会受到毒魔极为残酷的惩罚，体会到断药后堕入“炼狱”的痛苦，跌入万劫不复的深渊。

鸦片类毒品可以抑制人的中枢神经系统，让大脑处于麻痹状态，从而解除疼痛、嗜睡等不适感。对于某些人来说，吸毒可以产生一种短暂的解脱感和瞬间的幻觉，暂时逃避烦恼，逃避现实生活。脑海中出现的正是你想要得到的东西。可以使人丧失良知，干出一切坏事而又觉得于己无关。如果说一些人是为了逃避现实的话，那么更多的吸食者是为了寻求精神上的刺激。吸食者为了反复享受这种刺激，不断寻觅和吸食毒品，以致无法靠主观意志控制自己的行为，一旦吸食，终生难以摆脱。

吸毒者初次吸毒可能是由于好奇心驱使或毒贩诱惑，但是一而再、再而三地吸毒，甚至戒毒复吸，则是由于毒欲驱使的结果。这种毒欲就是我们说的“成瘾性”。这是吸毒者丧失人格、倾家荡产、堕落犯罪，在毒品漩涡中越陷越深的重要原因，也是戒毒者最大的悲剧。他们知道毒品迟早会断送自己、毁掉家庭，很想戒掉吸毒恶习，同时，他们又受毒欲驱使，想吸“最后一次”，而这最后一次却将瘾君子送入了万劫不复的深渊。

他们无法做到“最后一次”，因为吸毒成瘾的人，只要断药，就会出现难以忍受的戒断症状。在艺术作品或者戒毒所里，我们可以看到吸毒者程度不同、反应各异的戒断症状。一般来说，在吸食或注射毒品8～12小时后，如不继续吸毒，就会出现一系列机体异常反应和不适感，其痛苦之剧烈，令人难以忍受。但是，在此期间，无论反应多么强烈，感觉多么痛苦，只要再次吸食毒品，所有的反应和痛苦都会烟消云散，好像一切都未曾发生一样。然而，8～12小时后，其症状又会重复出现，需要不断吸食毒品来维持。这也是吸毒人员难以依靠主观意志戒除毒瘾的重要原因。

从医学角度来说，毒品使人成瘾与人脑中的类吗啡肽物质有关，它们维持着人体的正常生理活动。吸毒者吸入海洛因等毒品后，外来的类吗啡肽物质进入人体，减少并抑制了自身吗啡肽的分泌，最后只能依靠外界的类吗啡肽物质来维持人体的生理活动，自身的类吗啡肽物质完全停止分泌。而一旦外界也停止了供应吗啡肽物质，人的生理活动就出现紊乱，也就是出现了医学上所说的“反跳”或“戒断症状”。此时，只有不断供给外来的吗啡肽物质，也就是毒品，才有可能解除这些戒断症状，这就是所谓的“成瘾”。

染上毒瘾怎么办

万一有的青少年不小心上当或者因其他原因染上了毒瘾，该怎么办？这里告诉同学们一些必要的措施。

一、勇敢地告诉家长，寻求家人的帮助

任何家长都不愿看到自己的孩子染毒，一旦孩子真染上了，请千万不要害怕告诉父母，血肉亲情还是会使他们全力以赴帮助孩子，帮助孩子戒除毒瘾。因此，决不能因为害怕被歧视和责骂而封闭自己，应该向家人、朋友、老师、医生袒露自己的真实情况，以得到戒毒的帮助。

二、树立有毒必戒的决心

有些人害怕在戒毒过程中出现的戒断综合征，怕痛苦，不敢戒毒。诚然，戒毒是一个痛苦的过程，但他们应该明白，戒毒越早，痛苦越小；戒毒越迟，痛苦越大，而且毒瘾越难戒除。戒毒虽然痛苦，却是短暂的，而不戒则是痛苦一生。因此，决不能因害怕痛苦而放弃戒毒，必须痛下决心，坚决戒断。

的确，吸毒是很难戒断的，因为吸食任何毒品都会形成依赖性，一方面是生理依赖，另一方面是心理依赖。可以肯定地说，吸毒者接受一段时间的强制戒毒治疗后，完全可以戒掉“生理毒瘾”，也就是说，在停用毒品后不会再出现毒瘾发作时的各种症状。然而，毒品产

生的心理毒瘾却很难戒断，只要一有条件和环境的刺激，吸毒者就会产生重新尝试的欲望。这种欲望甚至会伴随他的一生。有一句话形容说：“十年戒毒，一朝还原。”意即戒毒再久，也可能会因他自己的心理毒瘾而毁于一旦，重新染毒。戒毒是一个漫长且痛苦的过程，要戒毒就要做好长期与毒魔抗争的准备，只有坚强的决心和毅力才能战胜毒魔。

三、采取正规戒毒治疗

必须到正规戒毒机构接受戒毒治疗，不要擅自自行戒毒。戒毒是一个复杂的系统工程，不能指望有什么奇迹发生能一夜戒断，更不能迷信游医巫师的偏方和“灵丹妙药”，否则，不仅浪费时间和钱财，还会发生意外。为了争取较好的戒毒效果，并保证戒毒者的人身安全，一定要到正规戒毒机构去接受治疗，如卫生医疗部门开办的自愿戒毒机构、公安机关强制戒毒所的自愿戒毒部。这些场所具备必要的医疗设施和经过培训的医护人员，其检查、诊断、治疗、康复、护理、观察，以及药品管理、安全措施、生活作息各方面都有一整套严格制度，到这种戒毒机构接受治疗，十分安全。

四、脱离以前的吸毒环境

吸毒者多具有团伙性，戒毒人员一旦离开戒毒机构回到社会，旧环境、老毒友以及毒贩子会对他们产生一定的诱惑和压力。事实一再证明，吸毒者的意志是相当薄弱的，很难自觉主动地排除毒品的诱惑，难以避免毒友的相互诱惑和拉拢。常跟这些人在一起，容易引起复吸冲动，加上有的毒友带着诱惑他人吸毒以达到为自己生财的目的，他们决不善罢甘休，总是会千方百计收复“失地”。所以，决心戒毒的人一定要远离毒友，远离吸毒环境。

五、不断增强体质，养成有规律的生活习惯

吸毒者由于食欲抑制，营养不良，大都面色青黄、骨瘦如柴，加上吸毒后好逸恶劳、懒散怠惰、作息不规律，体质遭到严重损害，正如人们所形容的“数日不食色如菜，蓬头垢面神似丐”。因此，在戒毒过程中增加营养是十分必要的。另外，还必须加强锻炼，参加各种文体活动。这至少有两个方面的意义：一是直接锻炼了身体，二是分散了对毒品的注意力。按时作息，重建生活节律也很重要。吸毒者的生活节律大都失常，多数白天睡觉，夜间游窜。因此，按时作息，重新调整生物钟，对恢复体质及戒后重返社会有很大的好处。

戒毒没有特效药

很多进入戒毒所的吸毒者都曾心情迫切地问："我想用特效药，那种打一针明天就能戒掉的药！"有的吸毒者就是抱着一种侥幸心理去以身试毒的，幻想自己有朝一日不想吸时能够依靠特效药迅速彻底地把毒瘾戒除。可是戒毒可没有一般人想象的那么简单，也绝非像戒烟、戒酒那样容易，正所谓"一日吸毒，十年戒毒，终生想毒"，说的就是一旦吸毒，就会反反复复地戒毒，很难彻底戒掉。毒品存在的成瘾潜力是不以人的意志为转移的。虽然随着医疗技术的进步，躯体脱毒治疗问题已经解决，但人对毒品的精神依赖是难以在短时间内消除的，即所谓"心瘾"。毒品进入人体后作用于人的神经系统，使吸毒者出现渴求毒品的强烈欲望，驱使吸毒者不顾一切地寻求和使用毒品。一旦出现精神依赖后，即使经过脱毒治疗，在急性期戒断反应基本控制后，要完全康复原有生理机能往往需要数月甚至数年的时间，但对毒品的依赖性难以完全消除。一些吸毒者刚走出戒毒所回到原来的环境，便恢复吸毒，形成吸毒—戒毒（包括强制戒毒和自愿戒毒）—复吸—劳教戒毒的怪圈。据统计，吸毒人员戒毒后的综合复吸率为75%，个别地方甚至高达90%。所以，戒毒从根本上来说是与自己的心理因素作斗争。

斗得过自己的"心瘾"，就战胜了毒瘾；
斗不过自己的"心瘾"，就永远是毒品的奴隶。

李某通过多年辛苦打拼，赚了不少钱，成了腰缠万贯的大富翁。在生意场里，李某认识了一些吸毒者，他们常常向李某吹嘘说："白粉是个好东西，吸白粉是贵族阶层的享受。"李某心想，自己赚这么多钱，不也应该享受一下贵族生活吗？

于是，他开始吸食海洛因。3年多下来，他吸了又戒，戒了又吸，把全部家产变卖了化为毒资，生意也无法维持下去，辛辛苦苦经营的企业倒闭了。为戒毒，他甚至用菜刀砍断了自己的一根手指头，以表示与毒瘾一刀两断再不沾染的决心。在戒毒所几个月，他戒除了生理毒瘾，然而，走出戒毒所几天后，他又忍不住吸上了。年迈的母亲为他终日泪流满面，父亲也因忧虑过度患癌症去世了。妻子百般劝阻无效之后离家出走，再也没有回来。在一次毒瘾发作时，他悔恨交加，狂躁不安，将家里一切能搬动的东西全部搬起来砸了，最后，他抱起一台电视机从六楼窗口跳下去，当场气绝身亡。

这个本来幸福的家庭就这样破碎了，没有特效药能挽救他。毒瘾是个十分顽固的敌人，又像忽隐忽现的幽灵，时刻折磨着吸毒者和戒毒者。但是，还是有一些胜利者从毒魔的"炼狱"中走出来，再次踏上了自己的光明前程。他们来之不易的成功里，同样有过痛苦，有过犹豫，但更多的是勇气，是自己坚持不懈的毅力，是顽强不息的自信。

如何看待吸毒人员

吸毒者是社会中一类特殊群体，他们既是违法者，又是受害者。从医学角度看，吸毒者也是病人，他们遭受着身心的双重折磨，必须对他们进行治疗；从社会的角度看，吸毒者是一类尤其需要帮助的“困难”群体，他们需要有人指引他们走出黑暗，重获光明。社会、家庭、医院应积极挽救吸毒者，在帮助吸毒者戒毒的不同阶段发挥各自的作用。

我们要正确地对待吸毒者，既不要把吸毒者看作是犯罪分子，不要歧视他们，但又要区别于一般的病人。由于他们心理变态、人格扭曲、行为异常，因此他们的言行常有悖情理，有不少人不知如何去对待他们。我们应该了解吸毒者存在的两极心理：一方面他们的身心受毒品支配，无法自拔；另一方面他们也确实希望摆脱这种支配，有戒毒的要求。

吸毒者不仅属于家庭，更属于社会。对吸毒者来说，走出戒毒所，重返社会，才是真正考验的开始。很多吸毒者正是因为经不起这种考验，一走出戒毒所，就和过去那些坏朋友来往，结果把持不住，再度陷入毒海之中。吸毒者由于心理障碍，常常自觉或不自觉地与社会正常人群脱节，往往无法融入社会的主流。他们中有相当一部分是误入歧途的受害者，一旦明白过来时，便感到无限羞愧，同时产生怕被社会抛弃的恐惧心理，有的怕读不了书，有的怕找不到工作，有的怕被单位开除，有的怕找不上对象……种种担忧，使他们陷入深深的精神痛苦之中。自卑，怕别人看不起，是戒断者常见的一种心态。

自卑使其对他人的言语相当敏感，在和人接触中往往筑起一道“城墙”，把自己伪装起来，表面上看似不在意，其实内心深处却非常痛苦。他们把郁闷积压在心里，得不到化解，久而久之，便变得颓丧、悲愤。对于此类心理状态的人，既要开导，又要解决他们的实际问题；要多关怀、多帮助他们，而不是歧视和抛弃他们。当他们决定面对现实，洗涤身上污点重新做人时，我们应该给予他们第二次机会，这样肯定比抛弃、逼他们走回头路要有意义得多。对社会人群来说，给吸毒者一个机会，帮助他们自立、自强不是很困难的事，但对吸毒者来说，一点点热情的关怀，足以温暖一颗颗迷途失落的心，这个机会将使他们对未来充满信心，迈出坚实的第一步。

因此，对待吸毒者的原则立场是：支持和强化他们的戒毒要求，同时向他们指出，戒毒是长期的、痛苦的过程，必须坦诚待人待己，洗心革面，重新做人。换句话说，就是接纳吸毒者，要使他们摆脱依赖，与毒品决裂。

在沿海某工厂打工者小陈，19岁步入社会后，由于好奇染上了吸毒恶习。每月的工资全部变为烟雾，接着又干起偷窃厂里材料的勾当。工厂领导发觉后，并没有歧视他，更没有开除他，而是通过正面引导，送他进戒毒所，耐心地帮助他戒毒。走出戒毒所后，厂里领导安排他干些力所能及的工作，工友们也伸出了友爱之手，父母亲更是给他以慈爱之心，终于使他洗心革面摆脱了吸毒的恶习。他感慨地说：“是厂领导、父母亲和一个个工友们给了我第二次生命。”戒毒，对吸毒者来说，意味着新生活的开始。逃出毒品魔窟后，社会如能为他们提供一个新的就业的机会，使他们获得一份比较满意的工作，再次融入社会大家庭中，就可以极大地降低复吸率。

我国有关毒品的刑事法律

毒品犯罪是指违反国家和国际有关禁毒法律、法规，破坏毒品管制行动，应该受到刑罚处罚的犯罪行为。《联合国禁止非法贩运麻醉药品和精神药物公约》规定：毒品犯罪是指非法生产、制造、提炼、配制、提供、兜售、分销、出售、以任何条件交付、经纪、发送、过境发送、运输、进口或出口任何麻醉药品或精神药物、种植毒品原植物以及进行上述活动的预备行为和与之相关的危害行为。

从严打击、从严惩处毒品犯罪，是中国禁毒刑事立法的显著特点之一。2000年公布的《中国的禁毒》白皮书更是进一步强调了这一立场。白皮书明确了把禁毒作为事关中华民族兴衰存亡的大事来抓，以“禁绝毒品”为根本目标，坚持禁吸、禁贩、禁种、禁制“四禁”并举，控制非法供应和防止滥用并重，为进一步禁止和打击一切从事毒品违法犯罪活动制定了一系列严厉的方针、政策和措施。

我国高度重视禁毒法制建设，坚持依法禁毒。近二十多年以来，针对日益蔓延的毒品问题，我国不断加快禁毒立法的步伐，制定颁布了一系列法律法规。目前，我国关于禁毒的法律法规主要包括《中华人民共和国刑法》中关于毒品犯罪的规定、《中华人民共和国禁毒法》以及《中华人民共和国治安管理处罚法》。

1997年3月14日，第八届全国人民代表大会第五次会议对《中华人民共和国刑法》进行了修订，对毒品犯罪的法律规定作了重要修改和补充，使我国的禁毒刑事立法进一步得到加强。修订后的《中华人民共和国刑法》对于毒品犯罪的管理更加完善。

其一，《中华人民共和国刑法》中关于毒品犯罪的规定齐全，确保各种毒品犯罪行为受到法律制裁，规定了走私、贩卖、运输、制造毒品罪等12个罪名及刑罚，并对毒品洗钱犯罪行为作出处罚规定。

其二，对走私、贩卖、运输、制造毒品，无论数量多少，都规定要追究刑事责任，予以刑事处罚。毒品的数量以查证属实的走私、贩卖、运输、制造、非法持有毒品的数量计算，不以纯度折算。

其三，对毒品犯罪从经济上予以制裁。对毒品犯罪，规定了并处没收财产或罚金，旨在剥夺毒品罪犯的非法收益，摧毁其再次实施毒品犯罪的经济能力。

其四，对利用、教唆未成年人走私、贩卖、运输、制造毒品或者向未成年人出售毒品的，引诱、教唆、欺骗或者强迫未成年人吸食、注射毒品的，因走私、贩卖、运输、制造、非法持有毒品罪被判过刑又有毒品罪行为的，从重处罚。

其五，对走私、贩卖、运输、制造毒品等严重的毒品罪犯处以死刑。

2007年12月29日，第十届全国人大常委会第三十一次会议通过了《中华人民共和国禁毒法》。《禁毒法》共7章71条。遵循“专群结合”、预防与惩治相结合、教育与救治相结合的原则，明确了禁毒工作方针、领导体制、工作机制、保障机制、法律责任；规范了禁毒宣传教育、毒品管制、戒毒措施、国际合作等业务工作。主要包括六个方面内容：

1.依法规定了禁毒工作领导体制、工作机制和保障机制；

2.依法规定了“预防为主，综合治理，禁种、禁制、禁贩、禁吸并举”的禁毒工作方针；

3.依法规定了麻醉药品、精神药品和易制毒化学品管制的种类、范围、措施和办法；

4.依法规定了戒毒体制和措施；

5.依法规定了加强禁毒国际合作的措施；

6.规定了违反《禁毒法》及相关法律、法规的法律责任。

《禁毒法》是国家总结多年来禁毒工作实践经验制定的一部全面综合规范禁毒工作的重要法律，对于预防和惩治毒品违法犯罪行为，保护公民身心健康，维护社会秩序，具有重要的意义。

《中华人民共和国治安管理处罚法》第七十二条则规定：有下列行为之一的，处十日以上十五日以下拘留，可以并处二千元以下罚款；情节较轻的，处五日以下拘留或者五百元以下罚款：（一）非法持有鸦片不满二百克、海洛因或者甲基苯丙胺不满十克或者其他少量毒品的；（二）向他人提供毒品的；（三）吸食、注射毒品的；（四）胁迫、欺骗医务人员开具麻醉药品、精神药品的。

青少年应该自觉加强禁毒法规的学习，只有知法懂法，才能守法护法，明辨是非，增强对毒品的免疫力，做到不沾毒，不吸毒。只有掌握了法律武器，才能有效地投入禁毒斗争，为彻底消除毒害作出应有的贡献。

禁毒知识习题测试

学校________　班级________　姓名________

一、判断题，在括号内打√或者打×。

1.鸦片是一种无色、无味的物质。（　　）

2.按药物对人体大脑中枢神经所产生的作用，可将毒品分为麻醉药品和精神药品。（　　）

3.苯丙胺因其纯品无色透明，像冰一样，故俗称“冰毒”。（　　）

4.经强制隔离戒毒后又吸食，注射毒品的，构成吸食毒品罪。（　　）

5.强制隔离戒毒场所的设置、管理体制和经费保障，可由各地政府视财政情况自行规定。（　　）

6.吸毒成瘾人员自愿接受强制隔离戒毒的，经公安机关同意，可以进入强制隔离戒毒场所戒毒。（　　）

7.传统毒品一般是指鸦片、海洛因、大麻等流行较早的毒品。（　　）

8.当有人威胁我们吸毒时，要将情况主动告知家长和学校，或者打110报警，寻求帮助。（　　）

9.合成毒品成瘾者的违法行为一般在吸食后，因产生精神障碍而导致行为失控，引发自伤自残、暴力侵害等严重公共安全问题。（　　）

10.教育部门应编写禁毒教材，各级各类学校必须专门开设禁毒教育课，将禁毒教育列为学校教育的内容。（　　）

11.戒毒是指吸毒人员自愿，或者由国家强制戒除其吸食、注射毒品瘾癖的过程。（　　）

12.戒毒治疗不得以营利为目的。（　　）

13.禁毒志愿者在志愿服务过程中造成服务对象或者其他相关人损害，由组织志愿服务的禁毒青年志愿者组织依法承担民事责任。（　　）

14.精神药品的原料和制剂，按国家计划调拨，生产单位不得自行销售。（　　）

15.强制隔离戒毒场所应当根据戒毒人员吸食、注射毒品的种类及成瘾程度等，对戒毒人员进行有针对性的生理、心理治疗和身体康复训练。以

上说法正确吗？（　　）

16.强制隔离戒毒人员的戒毒相关费用由其本人承担。（　　）

17.青少年涉毒犯罪的特征表现为：低龄化趋势明显，吸毒犯罪者居多。（　　）

二、选择题

1.“国际禁毒日”是每年的（　　）。

A.7月9日　B.6月26日　C.12月1日　D.5月17日

2.不属于阿片类毒品的是（　　）

A.吗啡　B.海洛因　C.冰毒　D.美沙酮

3.《禁毒法》规定，国家采取各种措施帮助吸毒人员戒除毒瘾，（　　）吸毒人员。吸毒成瘾人员应当进行戒毒治疗。

A.打击处理　B.依法惩治　C.教育和挽救　D.收容看管

4.《禁毒法》规定，国家对麻醉药品和精神药品实行管制，对麻醉药品和精神药品的实验研究、生产、经营、使用、储存、运输实行（　　）制度。

A.审批　B.审核和检查

C.许可和查验　D.以上答案都不正确

5.《禁毒法》规定，国家鼓励对禁毒工作的社会捐赠，并依法给予（　　）。

A.税收减免　B.税收优惠

C.表彰奖励　D.税收减免和优惠

6.《禁毒法》规定，教育行政部门、（　　）应当将禁毒知识纳入教育、教学内容，对学生进行禁毒宣传教育。公安机关、司法行政部门和卫生行政部门应当予以协助。

A.学校　B.中小学校　C.大专院校　D.B和C

7.《禁毒法》规定，禁止非法（　　）麻醉药品、精神药品和易制毒化学品的制造方法。公安机关接到举报或者发现此类情况，应当及时依法查处。

A.贩卖　B.传播　C.传授　D.获取

8.《禁毒法》规定，强制隔离戒毒场所应当根据戒毒人员（　　）等，对戒毒人员进行有针对性的生理、心理治疗和身体康复训练。

A.吸食、注射毒品的方法　　B.吸食、注射毒品的频次
C.吸食、注射毒品的种类和成瘾程度　　D.吸食、注射毒品的时间

9.《禁毒法》规定，娱乐场所应当建立（　　）制度，发现娱乐场所内有毒品违法犯罪活动的，应当立即向公安机关报告。

A.巡查　　B.巡逻　　C.检查　　D.清查

10.《中华人民共和国禁毒法》自（　　）起施行。

A.2007年12月29日　　B.2008年1月1日
C.2008年6月1日　　D.2008年6月26日

11.《中华人民共和国刑法》规定，毒品的数量以（　　）属实的走私、贩卖、运输、制造、非法持有毒品的数量计算，不以纯度折算。

A.缴获　　B.检查　　C.查证　　D.收缴

12.《中华人民共和国刑法》规定，走私、贩卖、运输、制造鸦片一千克以上、海洛因或者甲基苯丙胺（　　）克以上或者其他毒品数量大的，处十五年有期徒刑、无期徒刑或者死刑，并处没收财产。

A.十　　B.二十　　C.五十　　D.一百

13.从医学角度看，吸毒成瘾作为一种疾病。以下哪个表述是正确的（　　）。

A.心理障碍　　B.精神疾病
C.躯体疾病　　D.慢性的复发性的脑疾病

14.当发现有人可能正在吸毒或实施涉及毒品的违法犯罪行为时，应该（　　）。

A.尽快离开，确保安全情况下报警
B.事不关己
C.好奇上前去看个究竟
D.马上阻止其违法犯罪行为

15.当在你身边出现毒品时，正确的做法是（　　）。

A.变卖　　B.丢弃　　C.报告公安机关　　D.假装看不见

16.到民国时期，（　　）已经取代英国成为向中国输入毒品最多的国家。

A.美国　　B.荷兰　　C.日本　　D.意大利

17.不满十六周岁的未成年人吸毒成瘾严重的，可以不适用（　　）。

A.强制隔离戒毒　　B.责令其接受社区戒毒

C.责令其接受社区康复　　D.自愿戒毒

18.第一次将毒品犯罪规定为国际犯罪的公约是（　　）。

A.《禁止非法贩运麻醉药品和精神药物公约》

B.《海牙鸦片公约》

C.《日内瓦禁毒公约》

D.《麻醉药品单一公约》

19.海洛因吸毒者的典型体征是（　　）。

A.瞳孔缩小呈针尖样　　B.瞳孔放大，不聚光

C.身体瘦弱　　D.身体浮肿

20.合成毒品直接作用于人的（　　）。

A.大脑　　B.心脏　　C.中枢神经　　D.肌肉

21.戒毒人员在（　　）等方面不受歧视。有关部门、组织和人员应当在这些方面对戒毒人员给予必要的指导和帮助。

A.入学　　B.就业

C.享受社会保障　　D.A、B和C

22.戒毒是一个长期的过程，包括生理脱毒与医学治疗、（　　）、善后辅导与回归社会三个阶段。

A.心理成瘾戒断　　B.心理治疗与心理康复

C.毒瘾戒断　　D.社区康复

23.据我国《禁毒法》之有关规定，以下不属于我国目前禁毒模式的是（　　）。

A.家庭戒毒　　B.自愿戒毒

C.强制隔离戒毒　　D.社区戒毒

24.李某是某酒吧老板，明知一些人经常在该酒吧内吸食冰毒，李某却视而不见。对李某的行为如何进行处罚（　　）。

A.批评教育　　B.以容留他人吸毒罪论处

C.以贩卖毒品罪论处　　D.罚款并吊销营业执照

25.利用未成年人运输毒品的按照《刑法》规定如何处罚（　　）

A.以教唆罪论处　　B.以运输毒品罪处罚

C.以运输毒品罪从重处罚　　D.以诈骗罪处罚

26.麻醉药品、精神药品和易制毒化学品管理的具体办法，由（　　）规定。

A.公安部　　B.国家禁毒委

C.国务院　　D.卫生部

27.南美的秘鲁、玻利维亚、（　　）是可卡因的最大生产基地。

A.巴西　　B.阿根廷

C.哥伦比亚　　D.厄瓜多尔

28.强迫他人吸毒、注射毒品的，处（　　）有期徒刑，并处罚金。

A.年以上3年以下　　B.3年以上6年以下

C.3年以上年以下　　D.3年以上7年以下

29.强制隔离戒毒的期限为（　　）。

A.1年　　B.2年　　C.3年　　D.6个月

30.禁毒是（　　）的共同责任。

A.全社会　　B.禁毒委成员单位

C.公安机关和司法部门　　D.公安机关、检察部门和法院

31.第一次鸦片战争发生在（　　）年。

A.1839　　B.1840　　C.1841　　D.1842

32.林则徐虎门销烟发生在（　　）年。

A.1839　　B.1840　　C.1841　　D.1842

33.你的同学或者好朋友把你介绍给他的朋友们，这些人私密地聚在某人家里或者类似娱乐场所的地方，使用一些粉末、片剂或者类似香烟的东西。还请你品尝，你恰当的拒绝方式应该是（　　）。

A.找个合适的借口离开那里　　B.坚决地拒绝

C.婉言谢绝　　D.以上方式都可以

参考答案：

一、判断题

1-5：×××××　6-10：√√√√√　11-15：√√√√√

16-17：×√

二、选择题

1-5：BCCCB　6-10：ACCAC　11-15：CCDAC

16-20：CAAAC　21-25：DBABC　26-30：CCCBA

31-33：BAD

珍爱生命
拒绝毒品

中国环境标志
CHINA ENVIRONMENTAL LABELLING
绿色印刷产品

ISBN 978-7-5394-9992-5
9 787539 499925 >
定价：15.00元